PAUL COPIN-ALBANCELLI

LE BOULANGISME

DU PEUPLE

PARIS
L. SAUVAITRE, ÉDITEUR
LIBRAIRIE GÉNÉRALE
72, BOULEVARD HAUSSMANN, 72

LE BOULANGISME

DU PEUPLE

ÉMILE COLIN — IMPRIMERIE DE LAGNY

PAUL COPIN-ALBANCELLI

LE BOULANGISME DU PEUPLE

PARIS
L. SAUVAITRE, ÉDITEUR
LIBRAIRIE GÉNÉRALE
72, BOULEVARD HAUSSMANN, 72

1891

LE BOULANGISME
DU PEUPLE

L'HONNÊTETÉ DU MOUVEMENT BOULANGISTE

« Et moi, je n'étais donc pas honnête!... »

C'est ainsi que s'exclamait un paysan s'indignant à la lecture de quelques-unes des horreurs sous lesquelles on a essayé d'accabler, pendant ces derniers mois, tout ce qui, de près ou de loin, a touché au boulangisme.

Combien de millions de citoyens qui ont combattu avec le grand parti anti-opportuniste actuellement vaincu et qui, s'ils étaient moins intimidés par leur défaite, pourraient, eux aussi, dire bien haut et avec une formidable unanimité :

« Et moi, je n'étais donc pas honnête ! »

C'est faire une bonne œuvre que de défendre et de venger l'honneur de tous ces braves gens.

Depuis un an, on n'a été occupé qu'à salir autant

qu'on a pu, par des révélations, les unes à moitié vraies, les autres tout à fait calomnieuses, tous ceux qui ont dirigé le grand mouvement national qui a failli submerger le parti opportuniste tout entier. On a essayé de les représenter comme autant de fourbes, d'ambitieux, de traîtres, de vendus. Sur ce sujet, vainqueurs et vaincus, — certains de ceux-ci, du moins, — ont l'air de s'être donné le mot. Il semblerait que les uns et les autres ont pris à tâche de se déshonorer, les premiers en se vautrant dans une orgie d'insultes, les seconds en se refusant à supporter dignement leur mauvaise fortune.

Quant à l'essentiel, au fondamental, c'est-à-dire à ce soulèvement populaire qui, par sa rapidité, par sa spontanéité et par sa généralité, témoigne assez des causes profondes qui l'ont provoqué, tout le monde cherche à l'oublier. Par le fait même de cet oubli, l'indignité de quelques-uns de ceux qui ont joué un rôle actif et prépondérant dans le drame boulangiste rejaillit injustement sur la grande masse des électeurs. Pour un peu, la nation passerait, elle aussi, pour s'être vendue ! Comment s'en défendrait-elle ? Maintenant qu'ayant donné ses suffrages elle est désarmée pour trois ans, qui donc songerait à parler pour elle et quel droit lui est-il laissé, sinon celui de se taire ! Aussi, c'est à peine si, écœurée des accusations dont elle a vu salir la plupart de ceux qu'elle avait encouragés ou acclamés, elle ose se murmurer tout bas à elle-même lorsqu'elle croit qu'on ne l'entend pas :

« Et moi, je n'étais donc pas honnête!... »

Eh bien! Parlons tout haut de son honnêteté! Parlons de sa loyauté et du droit des électeurs qui, eux, n'ont jamais su ce qui se passait dans les coulisses et qui ont marché carrément pour le compte de leurs convictions, poussés par un ardent désir de légitime vengeance contre l'esprit d'égoïsme et la politique intolérante de ceux que le hasard leur avait donnés comme gouvernants et qu'il a maintenus, hélas! dans leurs fonctions.

Oui! Parlons de droit et d'honnêteté!

Quand ce ne serait, après toutes les récentes publications, que pour nous reposer un peu.

LA COALITION

La caractéristique de ce qu'on a appelé le parti boulangiste, ç'a été la diversité, l'opposition même des éléments qui l'ont constitué. Il s'est recruté à droite aussi bien qu'à gauche, parmi les bonapartistes, les royalistes et les catholiques militants, tout autant que parmi les républicains modérés et les démocrates les plus avancés.

Les opportunistes et les radicaux ont dénoncé l'immoralité de tels rapprochements. Ils s'en sont montrés scandalisés au dernier point. Mais leurs indignations à ce sujet n'ont aucune espèce de valeur ; elles sont ou feintes ou absurdes.

Rien de plus simple en effet que l'alliance des électeurs républicains avec les électeurs royalistes ou catholiques. Rien qui soit plus dans l'ordre logique des choses. Et j'ajoute : rien qui soit plus nécessaire, si nous voulons enrayer l'affaiblissement moral qui se manifeste dans notre pays.

Certains républicains le sentent bien, puisqu'ils

applaudissaient récemment à la profession de foi d'un curé républicain.

Examinons d'ailleurs quelle était la situation des partis au commencement de l'année 89, et nous verrons que la coalition de tous les opposants était dans l'ordre logique des choses et absolument légitime.

Commençons par les partis de droite.

LÉGITIMITÉ DE LA COALITION POUR LES PARTIS DE DROITE

Celui d'entre eux qui avait le moins d'efforts à faire pour adhérer au boulangisme était sans contredit le parti bonapartiste plébiscitaire. Celui-là devait accepter sans hésitation un programme en tête duquel était inscrite la revision de la constitution par l'appel au peuple.

Donc aucune difficulté pour les bonapartistes, aucune immoralité pour eux à entrer dans la coalition, puisqu'ils pouvaient le faire sans rien abandonner de leurs idées.

Les royalistes sont séparés des bonapartistes par des différences essentielles. Comment donc se fait-il qu'ils votèrent en grand nombre pour les candidats du général Boulanger?

C'est que depuis plusieurs années un travail de désagrégation s'était effectué au sein de leur parti.

Les chefs continuaient bien, — et c'était leur droit absolu, — la guerre sans trêve qu'ils considéraient comme un devoir de mener contre les institutions républicaines. Liés par des souvenirs de famille et par des traditions de fidélité absolument honorables, ils regardaient toujours comme impossible l'adhésion à une forme de gouvernement autre que la monarchie.

Mais peu à peu, la masse des électeurs royalistes avait été amenée à concevoir la situation politique d'autre manière. Tous les jours aux prises avec les difficultés de la lutte pour la vie, habitués à triompher de ces difficultés courantes non en leur opposant une théorie platonique, mais une action effective, ils se lassaient d'attendre une restauration dont la stérile espérance leur avait déjà causé de si longues désillusions.

Et puis, ils sentaient leurs anciennes convictions ébranlées par la logique même des faits. Car quelle espèce de restauration attendaient-ils ? Était-ce celle de la royauté de droit divin à la légitimité et à la nécessité de laquelle bon nombre d'entre eux avaient cru comme à un dogme ? Mais, du vivant même du comte de Chambord, le dogme du droit divin n'était déjà plus qu'un spectre, qu'une apparition d'un autre âge qui avait étonné le scepticisme de notre génération sans pouvoir l'entamer. Maintenant, ce spectre s'était évanoui pour toujours. La réalité des faits leur apparaissant tous les jours plus nettement, ils concevaient que la souveraineté royale ne pouvait puiser son droit que dans le droit du peuple. C'est ainsi d'ailleurs que le prétendant lui-même leur paraissait envisager la situation puisqu'il réclamait, avant de monter sur le trône, la consécration de l'acclamation populaire. Mais alors, le peuple était donc le vrai maître? La majorité de ses suffrages pouvait donc constituer un droit? Sa volonté politique n'était donc pas une volonté essentiellement révolutionnaire et satanique comme l'avait prétendu l'ancienne école légitimiste? En ce cas, la conséquence était claire :

Dès lors que le peuple était la source de l'autorité, sa volonté devait être considérée comme aussi sacrée que l'était celle du Roi dans la doctrine du Droit divin.

Or le peuple refusait de restaurer la royauté ; à tort ou à raison, il prétendait vivre en république. Pourquoi donc se révolter inutilement contre cette volonté à laquelle on ne pouvait rien changer et qui avait d'ailleurs force légale?

Mais ce n'était pas tout. D'autres considérations, plus graves encore, assiégeaient la pensée des royalistes.

La plupart d'entre eux étaient catholiques. Or, tandis qu'ils s'étaient laissés bercer si longtemps dans le dangereux sommeil d'une politique d'expectative, leurs adversaires, opportunistes et radicaux, maîtres de la France, y assassinaient tranquillement les croyances religieuses. Fallait-il se maintenir hors de la politique nationale et les laisser achever leur œuvre de démoralisation? La fidélité au Roi, grande et belle chose! Mais la fidélité à la Religion, est-ce que cela ne comptait pas? Est-ce qu'un pays peut vivre sans une religion? Par conséquent, est ce que lutter pour la religion ce n'était pas lutter pour la France? Et même, est-ce que cette lutte ne primait pas tous les autres devoirs?

De sorte qu'avec la logique, c'était la conscience qui conseillait aux électeurs catholiques royalistes de ne pas pas se montrer plus royalistes que le Roi et de laisser de côté leur rêve de la restauration monarchique pour rentrer dans la vie active, en se tenant purement et simplement sur le terrain de la restauration sociale, c'est-à-dire de la liberté religieuse et de la moralité publique.

Dans ces conditions, est-il étonnant qu'au moment où s'affirma cette grande popularité du général Boulanger, — qui était d'ailleurs l'ouvrage des républicains, — les électeurs royalistes catholiques fussent disposés à soutenir le programme développé par le discours de Tours?

Il est visible que la pensée d'une autre politique ne pouvait se présenter à leur esprit.

Aussi, rien n'est-il plus puéril que les reproches adressés par les doctrinaires du parti au comité des Douze à propos de la marche parallèle à laquelle il se rallia au cours de la dernière campagne. Bon gré, mal gré, il fallait bien qu'il marchât dans cette voie, par cette raison toute simple que les chefs y étaient poussés par la masse compacte des soldats et qu'ils seraient demeurés sans troupes s'ils avaient refusé d'avancer.

Assurément les raisonnements qui précèdent ne se présentèrent pas avec une netteté complète à la pensée des masses royalistes. Il n'en est pas moins vrai qu'elles aboutissaient aux conclusions que ces raisonnements contenaient avec une force d'autant plus irrésistible qu'elle était celle de l'instinct.

Et c'est précisément parce que le comité des Douze comprenait cette situation qu'il fut amené à soutenir le parti national.

Une telle politique était-elle déshonorante comme l'affirment aujourd'hui les opportunistes?

Belle plaisanterie, vraiment, que cette question !

Est-ce que les électeurs catholiques n'étaient pas poussés vers le parti national par les raisons de conscience les plus hautes, celles que leur avaient fournies les opportuno-radicaux eux-mêmes par leur politique antireligieuse ?

Est-ce que d'autre part le parti national, tout en se maintenant sur le terrain républicain, ne proclamait pas la tolérance religieuse comme un des premiers articles de son credo ?

C'est ce qui explique tout le reste.

Supprimez la politique antireligieuse des dix dernières années, vous n'avez pas de boulangisme, parce que vous n'avez pas créé entre les électeurs catholiques et les gouvernants opportunistes et radicaux un abîme infranchissable.

Mais au contraire, dès lors que cette politique antireligieuse existait et pesait dans la balance des faits accomplis, rien ne pouvait décider des électeurs catholiques à tendre la main à ceux qui avaient persécuté leurs croyances. Tout le reste était possible ; cela seul ne l'était pas. Alors même qu'ils en arrivaient à accepter la forme républicaine, il y a une République dans laquelle ils ne pouvaient entrer, c'était celle dont les jacobins avaient fait leur chose, leur propriété. A celle-là ils devaient nécessairement préférer n'importe quelle autre.

Et le jour où une situation se présentait, leur montrant enfin les opportuno-radicaux aux prises avec d'autres républicains en révolte contre l'esprit d'intolérance, ceux-ci fussent-ils conduits par un chef suspect d'ambitions dictatoriales avec lesquelles il faudrait compter au lendemain de la victoire, il était fatal, il était logique, il était légitime qu'ils prissent parti pour les seconds contre les premiers.

Et, ce faisant, une fois la lutte engagée, ils pouvaient être vaincus ; déshonorés, jamais !

LÉGITIMITÉ DE LA COALITION POUR LES PARTIS DE GAUCHE

Il y avait deux catégories de républicains boulangistes : des libéraux et des démocrates à tous crins.

Parlons d'abord des libéraux.

Tandis que se faisait dans le parti royaliste le travail qui amenait lentement les électeurs de ce parti à admettre la forme républicaine, un travail d'une autre nature, s'effectuant dans l'esprit d'un certain nombre de républicains, les éloignait de la politique intolérante et jacobine qui avait été suivie pendant plusieurs années.

Cette politique a été la grande faute du parti républicain. C'est elle qui l'a condamné à demeurer un parti, — et un parti de plus en plus fermé, — au lieu de devenir la nation tout entière. Elle a pour point de départ une conception absolument fausse de l'ordre social.

Les opportunistes et les radicaux partent de cette idée que le catholicisme et l'esprit moderne étant de nature inconciliable, il faut nécessairement tuer l'un ou l'autre.

C'est une grosse erreur.

D'abord le catholicisme et l'esprit moderne sont-ils de nature si inconciliable que cela ? Ce n'est pas encore absolument prouvé.

Mais admettons l'incompatibilité entre les deux doctrines, il n'en est pas moins vrai que, pour tous ceux qui se placent au point de vue de la philosophie contemporaine, par cela seul qu'elles existent et qu'elles satisfont l'une et l'autre un nombre considérable d'intelligences, toutes deux ont droit à la vie.

Le fait seul qu'il y a encore en France une quinzaine de millions de catholiques convaincus, — n'y en aurait-il qu'un seul que l'argument vaudrait tout autant, — suffit à légitimer l'existence du catholicisme. Les croyances de ces quinze millions de citoyens, fussent-elles absurdes, leur appartiennent. Et si vous pouvez essayer de les discuter et de les modifier, vous n'avez pas le droit de les violenter.

On combat l'Idée en lui opposant l'Idée; on ne la torture pas, on ne l'assassine pas.

D'ailleurs, ce n'est pas assez de dire que l'existence du catholicisme soit légitime. Elle est nécessaire.

Pourquoi ?

Parce que jusqu'ici la philosophie moderne n'a pas su ériger un système de morale pouvant servir de base aux vertus sans lesquelles une société, et surtout une société républicaine, ne peut vivre.

« Au nom de Jésus, dit la loi catholique à ses adeptes, tu ne raviras point le bien de ton prochain ; tu ne lui voleras point sa femme ; et si tu es toi-même marié, tu ne prendras aucune mesure préventive contre la naissance ou la conception de tes enfants. »

Et cette parole suffit pour que quinze millions de Français soient sinon préservés, du moins gardés de la tentation du meurtre, du vol, de l'adultère et de l'infanticide avant ou après la lettre, par la conviction motivée ou non, mais impérieuse, que Dieu leur défend ces crimes dont la sociologie considère la fréquence actuelle comme constituant un véritable danger social.

La philosophie moderne a bien trouvé qu'il était suranné de croire à la divinité de Jésus, mais elle n'a pas su découvrir au nom de quelle autre idée suffisamment respectable, suffisamment haute, suffisamment impérieuse, et en même temps suffisamment accessible à l'esprit du peuple, le meurtre, le vol et autres crimes pourraient être interdits.

J'avoue que je suis, pour ma part, imbu des principes de la philosophie moderne. Je ne crois pas au *dogme* catholique ; mais je trouve qu'il n'y a pas à reculer devant l'aveu de l'impuissance philosophique au point de vue moral, puisque cette impuissance existe et puisque l'entêtement sur ce point ne peut qu'être fatal à notre patrie.

A mon sens, la conclusion qui découle de cet état de choses est bien simple et la voici :

Même en en se plaçant au point de vue rationaliste et en admettant que la philosophie moderne ait contribué au progrès de l'humanité par ce fait qu'elle a arraché un grand nombre d'intelligences aux croyances superstitieuses, il n'y a pas à contester que cette philosophie soit actuellement incapable de remplir la tâche de moralisation des masses qui échoit jusqu'ici tout entière à l'enseignement religieux. Par conséquent, l'opportunisme radical fait preuve d'une véritable étroitesse d'esprit en ne professant pas un respect absolu et même en ne favorisant pas dans une certaine mesure une religion qui, telle qu'elle est, correspond au premier des besoins sociaux puisque, dans sa sphère d'action, elle oppose aux passions et à l'égoïsme humains cette loi morale indispensable pour entretenir la vitalité des nations et que le progrès des sciences n'est pas près de pouvoir remplacer.

C'est ce qu'ont fini par comprendre un certain nombre de républicains qui, ayant commencé par partager l'erreur des opportunistes et des radicaux, sont arrivés à cet état supérieur de l'intelligence qui s'appelle, non pas l'indifférence, mais la tolérance.

Ils ont eu le sentiment très net que les jacobins n'étaient en somme que des esprits insuffisamment cultivés, placés, il est vrai, par les circonstances, hors du cercle d'attraction des superstitions, mais dont l'évolution intellectuelle n'en était pas moins frappée de ce que Darwin eût appelé un arrêt de développement.

Après avoir tout mis en œuvre pour faire prévaloir dans les milieux républicains les idées de bienveillance et de fraternité intellectuelles auxquelles ils étaient eux-mêmes parvenus, ces républicains libéraux furent obligés de constater que tous leurs efforts demeuraient vains.

Dès lors, il était impossible qu'un certain nombre d'entre eux, prenant position contre les jacobins, ne se jetât pas résolument du côté des persécutés dont ils ne partageaient pas les croyances, mais dont ils considéraient comme urgent de défendre l'existence et la liberté.

C'est ce qu'ils ont fait, dirigés par une conception des choses assez élevée pour leur inspirer un entier dédain des accusations de malhonnêteté, de trahison et de félonie, qui, naturellement, ne devaient pas leur être épargnées.

Il n'est pas nécessaire, pour expliquer l'évolution des démocrates boulangistes, de pénétrer si profondément dans le domaine de la psychologie sociale.

Pour eux, la situation revêtait une forme beaucoup moins abstraite.

Ils considéraient que la République n'était pas le but définitif d'une véritable démocratie, mais qu'elle n'était au contraire qu'un moyen pour arriver à mettre le plus de justice possible dans l'organisation sociale. Aussi ne se tenaient-ils pas pour satisfaits par l'existence d'une République nominale. Ils se demandaient avec colère ce qu'avaient fait pour les déshérités ces jouisseurs opportunistes qui, leur semblait-il, avaient recherché le pouvoir, non pas en vue des services à rendre, mais des bénéfices à garder Ils cherchaient en vain les résultats acquis par le fait des politiciens du radicalisme qui, après avoir réclamé tant de réformes alors qu'il étaient dans l'opposition, n'avaient, une fois parvenus dans les sphères gouvernementales, réformé que les ministères dans lesquels ils n'entraient pas.

Les uns et les autres avaient-ils assez trahi les espérances du peuple ! Le peuple ! qu'était-ce que cela pour eux? Ils s'en souciaient bien, sinon dans la mesure où il le fallait pour obtenir ses suffrages. Ils parlaient sans cesse de leur dévouement à la République, c'est vrai ! Mais la République au maintien de laquelle ils travaillaient, ce n'était pas la république de la justice ; ce n'était pas la république de la pitié, de la fraternité, de la tolérance et de l'amour ; ce n'était pas la république du peuple, mais leur république à eux, une république haineuse, égoïste et intolérante, dans laquelle ils vivaient barricadés et montrant les dents à tous ceux qui n'étaient pas « de la famille » ; une république dans laquelle tous les Français comptaient lorsqu'il s'agissait de payer l'impôt, mais où eux seuls le percevaient et s'allouaient des traitements, les uns comme députés et sénateurs, les autres comme conseillers municipaux, sans compter la foule innombrable de ceux qui s'abattaient sur les sinécures administratives comme des troupes de sauterelles sur les champs de maïs.

Quel fonds pouvait faire le peuple sur le dévouement et l'esprit de sacrifice de tels hommes? Aucun. Dès lors, il n'y avait qu'à les renverser et pour cela, à s'allier avec ceux qui, pour d'autres motifs, leur avaient déclaré une guerre sans merci.

Là encore, où était la malhonnêteté, où était l'illégitimité de l'alliance?

C'est ainsi que royalistes catholiques, bonapartistes, républicains libéraux et démocrates s'étaient rencontrés pour former ce parti qu'on appela fort improprement « le boulangisme » et dont le vrai nom eut été : le parti du mécontentement national. Chacun des alliés venait d'un point différent de l'horizon politique, c'est vrai ; mais tous se sentaient unis par une même haine, vivante en leur cœur, celle des persécuteurs et des exploiteurs qui occupaient le pouvoir en le déshonorant par des scandales étalés jusque dans le palais même du chef de l'État.

Eh bien! je le demande à tous les journalistes, étonnemment pudiques, qui se sont voilé la face aux prétendues révélations contenues dans les *Coulisses du Boulangisme* :

Si, au lieu de s'occuper de quelques-unes des personnalités mises en scène par l'auteur de cette publication, on porte le regard sur l'immense armée des électeurs venus de toutes les opinions et de toutes les sociétés pour former le parti du mécontentement national, je demande qu'on me dise où était la honte pour ces coalisés ?

Je demande au nom de quels principes supérieurs on condamne l'usage qu'ils ont fait d'une liberté électorale qui leur était garantie par les lois mêmes du pays ?

Je demande en quoi ils étaient coupables d'avoir été lassés, eux et tout le pays, par les fautes des opportunistes et des radicaux ?

En quoi, étant lassés, ils étaient répréhensibles de s'être posés en adversaires de ceux dont leur conscience réprouvait la politique ?

Je demande enfin qu'on m'explique comment il était illégitime qu'ils se fussent tous entendus pour livrer, sur le terrain électoral, un assaut dont aucune constitution vraiment républicaine ne saurait garantir un gouvernement convaincu d'inintelligence et d'indignité ?

Jusqu'à ce qu'on ait fait cette démonstration, les anciens électeurs boulangistes, à quelque parti qu'ils appartiennent, pourront regarder leurs vainqueurs en face ; ils auront le droit de se considérer comme infiniment supérieurs à eux au point de vue moral; car tandis que ceux-ci persistaient à courber le dos sous le despotisme d'une stupide intolérance, eux, du moins, ont senti dans leur cœur assez d'audace et de fierté pour se déterminer à une révolte qu'ils considéraient comme le prêmier de leurs devoirs.

BOULANGER, CHEF DU PARTI NATIONAL

« Eh bien! Soit! Vous aviez des griefs, — peuvent répondre les opportunistes et les radicaux, tout en se renvoyant réciproquement la responsabilité de ces griefs ; — par conséquent vous aviez le droit de vous coaliser. Mais ce que nous n'admettons pas, ce qui vous déshonore, monarchistes et républicains, c'est d'avoir accepté Boulanger pour chef. »

Si les opportuno-radicaux se contentaient de soutenir que la situation faite à Boulanger par les événements constituait un péril pour l'avenir et qu'elle était par conséquent leur excuse dans la guerre sauvage qu'ils lui ont déclarée, je serais de leur avis. Mais puisqu'ils vont plus loin, puisque c'est toujours à l'honneur de leurs adversaires qu'ils en ont, il faut bien discuter.

Tout d'abord quel était le fait saillant de la situation politique pendant les mois qui ont précédé la période électorale? C'était la popularité du général Boulanger, popularité *que l'état-major radical livra toute faite à la nation.*

Que cette popularité constituât un danger, surtout en raison du caractère de celui qui en jouissait, c'est incontestable. Mais pourquoi les chefs radicaux l'avaient-ils créée? Ils approchaient tous les jours le général, ils le connaissaient; pourquoi l'avaient-ils poussé?

C'est inconcevable! Mais ce qui ne l'est pas moins, c'est l'inconscience avec laquelle ils condamnent aujourd'hui ceux qui n'ont fait que subir les suites de leur propre imprévoyance.

Donc, à la fin de l'année quatre-vingt-huit, nous nous trouvons en présence de cette situation initiale et grosse de conséquences: la popularité de Boulanger créée par l'État-major radical. Cette popularité est déjà devenue une force active et rien ne peut plus faire qu'elle n'existe pas. C'est comme un boulet de canon qui traverse le champ politique en le ravageant.

Dès lors, les opportunistes et les radicaux ont beau se précipiter comme des affolés derrière ce boulet, il n'en va pas moins, suivant sa trajectoire, trouant tout, culbutant tout.

Dès lors aussi, la politique peut-elle faire abstraction de cette force populaire, énorme et déchaînée, qu'emporte une vitesse toujours croissante?

Evidemment non! Pas plus qu'on ne saurait, dans le désert, faire abstraction du simoun qui souffle.

Boulanger poursuivant la ruine des opportunistes et des radicaux tandis que les opportunistes et les radicaux poursuivaient au contraire la ruine de

Boulanger, il était évident que tous ceux qu'avait lassés la politique gouvernementale des dix dernières années devaient souhaiter le succès du général, qu'ils y aideraient autant qu'ils le pourraient et qu'ils s'y acharneraient d'autant plus que les opportunistes s'acharneraient dans le sens contraire. Ainsi le voulait l'inflexible logique des faits, logique à laquelle il n'est pas donné aux forces humaines de résister.

Auprès de Boulanger devaient accourir tous les adversaires de l'opportunisme et du radicalisme. Autour de cette masse attractive sans cesse grossissante devaient se précipiter toutes les molécules électorales que repoussait le caractère particulier de la politique opportuno-radicale. Tous ces éléments, échappant aux anciennes formules, rompant les obstacles crées par les mots, s'élançaient, les uns du royalisme, les autres du républicanisme, roulés par le torrent de la force des choses. Toutes ces volontés se ruaient, irrévocablement tendues vers la pensée qu'une lutte était engagée, dans laquelle l'opportunisme avait enfin chance d'être détruit; et cela suffisait pour que l'œuvre leur parût bonne, légitime et sainte. Devant cet espoir hypnotisant s'effaçaient en partie les défiances, les aversions qui avaient séparé les conjurés dans le passé. Le passé! Qu'était-ce que cela? Un mauvais rêve dont on se réveillait pour aller vers un avenir d'où les anciennes haines seraient chassées, où l'on ne serait plus obligé de s'acharner les uns contre les autres, où l'on saurait bien se faire réciproquement les sacrifices commandés par l'amour de la Patrie.

Pourtant, on n'était pas sans songer au danger d'une dictature imposée par celui qui menait l'assaut.

Mais les uns se disaient que le général aurait à compter avec ses alliés, et les autres...

Il faut bien le dire, les autres redoutaient moins la dictature de Boulanger que le maintien des opportunistes au pouvoir.

La dictature? Pourquoi donc l'auraient-ils repoussée? Les peuples qui se refusent aux dictatures sont les peuples en qui palpite l'héroïque amour des grandes vertus. Mais l'amour des vertus ne vit dans un peuple qu'à condition qu'on l'y entretienne par l'éducation, et c'est pourquoi le premier devoir des gouvernements est le souci de l'éducation qui tend l'esprit des peuples vers le culte de l'Idée.

Or, depuis douze ans, quelle éducation avait été donnée à la nation? Quels principes avaient été déployés comme des drapeaux sous lesquels on avait appelé les citoyens à se ranger? Un seul! C'était celui qu'exprimait une phrase prononcée jadis par Gambetta dans une heure de lutte et qui, momentanément explicable peut-être, ne pouvait être invoquée comme principe de gouvernement et d'éducation nationale que par des hommes d'une réelle infériorité d'esprit.

« Le cléricalisme, voilà l'ennemi ! » C'est avec

cette parole qu'on a élevé la nation depuis treize ans. C'est elle qui a inspiré la politique ; elle qui a régné dans l'école. En dehors d'elle, pas une pensée, pas un idéal, rien sur quoi puissent s'appuyer l'intelligence et le cœur pour s'élever jusqu'à la conception et à la pratique des vertus de dévouement et d'abnégation qui rendraient, infiniment mieux que les « justes lois », toute dictature impossible dans un pays.

La lutte pour la vie, pour le triomphe, pour la jouissance, voilà ce qu'ont prêché les opportunistes. Comment, après cela, peuvent-ils reprocher à ceux qu'ils ont ainsi élevés leur oubli des principes dans la lutte politique ?

« Il n'y a pas de justice en politique ! » disait l'un d'eux en pleine chambre des députés. En dehors de la justice et des principes, que peut-il donc rester? Rien que des hommes. Et c'est pourquoi un trop grand nombre peut-être parmi les mécontents lassés, faisant ainsi preuve des profondes déchéances causées par l'éducation opportuniste, se sont abandonnés à l'homme que les circonstances leur offraient.

Il est vrai que Boulanger a bien trompé leurs espérances !

Deux choses étaient nécessaires pour que le parti national triomphât : une organisation et un chef qui ne reculât pas.

Or, Boulanger n'a su ni organiser son parti, ni appliquer jusqu'au bout la tactique offensive que lui-même avait jadis recommandée à l'armée.

Rien, absolument rien n'autorise à croire qu'il ait fui par lâcheté; mais tout prouve qu'il a manqué des vues supérieures et du caractère particulièrement héroïque que réclamait la situation qui lui était faite par les circonstances.

A sa place, un homme doué des qualités de cœur et d'intelligence qui font les héros légendaires se serait dit :

« En mon âme et conscience, je crois que la lutte que j'ai entreprise est commandée par l'intérêt supérieur du pays. Dès lors, le devoir est d'avancer. Advienne que pourra ! On m'emprisonnera, on me tuera !... Qu'importe ? Mon cadavre servira sûrement de point d'appui à ceux qui marchent avec moi, pour hisser jusqu'au triomphe le programme que je considère comme le salut de la Patrie ! »

Et comme Décius, il se fût éperdument jeté au plus fort des légions ennemies.

Boulanger n'a pas su être un Décius ; voilà tout.

Mais quoi d'étonnant à cela ? Qu'on me dise donc où sont, dans le parti opportuniste, les hommes qui seraient prêts à jouer les martyrs ? Dans cette génération d'intelligences scrofuleuses engendrées par la culture opportuniste, qu'on me montre donc les généreux, les dévoués, ceux qui sont prêts à se sacrifier tout entiers à un programme et qui iraient au devant de la mort par amour pour l'idée ?

Vraiment, lorsque j'entends les Reinach, les Vacquerie, les Maret et d'autres pontifes de la faction jacobine se moquer de ce qu'ils appellent le manque de courage civil de Boulanger, je hausse les épaules. Je voudrais, en effet, voir la figure que feraient ces héros, si le destin leur offrait la perspective d'acheter par le sacrifice de leur vie le succès de leurs coreligionnaires et le triomphe de leurs idées.

Boulanger a compris la situation comme l'auraient comprise ses adversaires, ni plus ni moins. Il était de leur taille, étant du même temps, de la même école, de la même génération et atteint par conséquent de la même anémie, du même ramollissement moral dont nous souffrons tous plus ou moins.

D'ailleurs, n'avait-il pas Constans comme vis-à-vis ? Voilà ce qu'il ne faut pas oublier. Si les coalisés du parti national obéissaient à Boulanger, les coalisés opportunistes et radicaux ont, de leur côté, carrément emboîté le pas à Constans. Constans, que ses propres partisans ont accusé d'être le roi des fripons il y a deux ans à peine et qui est aujourd'hui le roi des Français !

Entre Constans et Boulanger, il fallait choisir. Quoi d'étonnant à ce que tant de braves gens, par dégoût du premier, n'aient pas hésité à se ranger derrière le second ?

CONCLUSION

Depuis l'entrée en scène de la coalition boulangiste, l'opportunisme, conduit par Constans, n'a eu qu'un but qu'il a poursuivi passionnément et qui était d'accumuler tous les documents, vrais ou faux, authentiques ou fabriqués, qui pouvaient déshonorer quelqu'un des coalisés ou la coalition tout entière.

C'était habile, car, si l'on s'en souvient, une des causes de l'impopularité dans laquelle sombrait l'opportunisme était précisément la malhonnêteté de plusieurs de ses membres.

« Nous sommes sauvés, ont pensé les chefs de l'état-major opportuniste, si nous parvenons à persuader au pays que nos adversaires ne sont pas plus immaculés que nous. Sur une pareille démonstration, la colère du peuple tournera à l'hésitation. Or, l'hésitation, c'est le maintien du *statu quo*, c'est-à-dire notre victoire, à nous qui occupons le pouvoir et qui y resterons. »

On a vu comment les opportunistes ont été, depuis quelques mois, aidés dans cette tâche par certains boulangistes, qui, en supportant la défaite avec un manque de dignité si complet, ont, par là même, donné mauvaise idée de la façon dont ils auraient usé de la victoire.

Depuis le procès de la Haute-Cour, qui demeurera l'œuvre la plus hypocrite des temps modernes et qui a constitué pour les courriéristes un magnifique encouragement au commérage, nous n'avons assisté en France qu'à des dénonciations, à des révélations presque toujours dénuées d'authenticité, mais en revanche toujours absolument écœurantes. On s'est livré dans les journaux à une débauche inouïe de communications déshonorantes, les unes pour leurs auteurs, les autres pour ceux qu'elles frappaient injustement. L'air en a été empoisonné ; et la conscience publique aussi. Car il ne faut pas croire qu'un journalisme aussi méphitique puisse se répandre dans le pays sans que la moralité générale en soit atteinte. Mais est-ce que les politiciens songent à cela !...

Il était plus que temps de parler un peu de loyauté, après qu'on avait tant parlé de trahisons, et de rappeler qu'au dessous de toutes ces écumes soulevées par les peurs des uns, par les colères et les rancunes des autres, il y a eu dans le mouvement qui, à une certaine heure, a emporté les trois quarts de la nation, un souffle d'honnêteté, une tempête d'indignations légitimes qui sont tout à l'honneur des millions d'humbles citoyens qui, d'un bout de la France à l'autre, se sont donné la main.

Que ces humbles conservent une noble fierté

d'eux-mêmes ; qu'ils se rappellent la grandeur des causes qui ont entraîné leur révolte ; qu'ils ne laissent pas diminuer dans leur cœur la certitude de leur bon droit ; qu'ils gardent intacte surtout la conscience de leur honneur, car leur honneur, c'est celui du pays.

Et puis, qu'ils sachent attendre, non pas avec indifférence, mais avec recueillement. Qu'ils soient assurés que si le Droit est avec eux, le Droit, un jour ou l'autre, les fera triompher.

En ce qui concerne le passé, qu'ils ne regrettent rien. Si le boulangisme a été vaincu, ce n'est certes pas par le bon droit de ses adversaires, mais, entre autres causes, parce que ce parti était composé d'éléments insuffisamment unis ; parce que les bonnes volontés qui s'y rencontraient, venues des points extrêmes des partis les plus opposés, ne s'inspiraient pas une assez grande confiance ; parce qu'enfin entre ces molécules hétérogènes, la cohésion ne s'était pas faite complètement. Comment, du reste, en eût-il pu être autrement ? Le boulangisme a été la première tentative de réconciliation des masses conservatrices avec les masses républicaines. Des œuvres comme celle-là ne s'accomplissent que lentement. C'eût été une chance inouïe que la soudure se fît du premier coup. Qui sait ? peut-être se fût-elle mal faite, peut-être vaut-il mieux qu'elle soit dès maintenant à recommencer. En tous cas, le boulangisme n'aura pas été absolument inutile en ce sens qu'il a rapproché des catégories de citoyens qui, se regardant de loin et à travers certains préjugés, se haïssaient sans raison. Tôt ou tard les germes d'union qu'il a mis en terre porteront leurs fruits.

Et maintenant, est-il possible de tirer un enseignement des faits que nous avons vu se dérouler?

Certainement, car si le passé ne devait pas servir à l'éducation de l'avenir, la raison n'aurait que faire en ce monde.

Comme nous l'avons constaté, les deux principales causes de l'éclosion du boulangisme sont l'intolérance jacobine et l'égoïsme politique du parti opportuniste ; la première de ces deux causes agissant sur les conservateurs, même sur ceux du parti républicain ; la seconde entraînant les masses laborieuses. En triomphant du boulangisme, les opportunistes n'ont fait que détruire un effet produit. Cet effet disparu, les causes qui l'avaient engendré n'en restent pas moins ce qu'elles étaient ; elles continuent à se comporter comme la loi de la vie veut que se comportent toutes les causes, c'est-à-dire que, dès maintenant, leur invisible action prépare les lointaines éclosions de nouvelles conséquences. Et il en sera ainsi tant qu'elles n'auront pas disparu.

Or, voici que déjà les opportunistes semblent ne plus s'en occuper. Ils s'imaginent remplir tout leur rôle de gouvernants en se faisant les concierges de leur république, dont ils s'appliquent à fermer hermétiquement les portes.

Les devoirs résultant de leur situation sont tout

autres et la question qui leur est posée par la logique des faits est fort simple :

Sont-ils décidés à renoncer à l'esprit d'intolérance? Comprennent-ils que la Raison philosophique, leur ancienne alliée, se tourne maintenant contre eux? Qu'elle leur refuse le droit de ridiculiser et de torturer les convictions d'un nombre considérable de citoyens qui sont, comme eux, des éléments constitutifs de la Patrie et qui, en outre, représentent la doctrine de morale sociale que cherche en vain la science moderne?

D'autre part, ont-ils pris la résolution de s'oublier un peu, eux, leurs créatures et leur parti? Sentent-ils le besoin de retremper leur politique en s'inspirant des idées de dévouement, de générosité, de fraternité qui leur ont manqué jusqu'ici et qui deviennent de plus en plus la nécessité des gouvernements?

Telles sont les obligations dont les opportunistes auront fatalement à répondre, non seulement devant leurs adversaires, mais devant cette puissance mystérieuse à laquelle Gambetta lui-même rendait hommage le jour où il parlait de « la Justice immanente des choses », puissance sans cesse agissante et sous l'action de laquelle les fautes commises par les partis politiques finissent toujours par devenir les matériaux de leurs tombeaux.

ÉMILE COLIN. — IMPRIMERIE DE LAGNY

www.ingramcontent.com/pod-product-compliance
Ingram Content Group UK Ltd.
Pitfield, Milton Keynes, MK11 3LW, UK
UKHW020357250726
13967UKWH00005B/2347